Juegos de Lectura
LECTURA EFICAZ

El abuelo Repe

Bruño

GRUPO ANAYA

¿A QUÉ JUGAMOS?

2

SALIDA

3

Las reglas del juego

PASO 1 Leed el texto y observad atentamente la cubierta y la contracubierta de vuestro libro *El abuelo Repe*.

PASO 2 Leed estas pistas para saber cómo va a mejorar vuestra lectura.

LEO Y COMPRENDO

LEO Y PIENSO

LEO A MI ALREDEDOR

LEO EN VOZ ALTA

→ Comprenderé todo tipo de textos.
→ Organizaré mis ideas.
→ Leeré mejor en voz alta.

CONOZCO LA LENGUA

→ Aprenderé el significado de las palabras y cómo emplearlas.

ENTRENO MI VISTA

→ Sabré concentrarme mejor.

ENTRENO MI MEMORIA

→ Reforzaré mi memoria visual.

ESCUCHO Y COMPRENDO

→ Comprenderé mejor las lecturas que escucho.

¿Qué necesitas?

→ Fichas de color para cada jugador.
→ Un dado.

¡ME GUSTA LEER!

El abuelo Repe
Fernando Lalana
alta mar

Bruño

1 ¿Quiénes están en la cubierta?

CONTRACUBIERTA

2 ¿Quién está preocupado?

3 ¿Qué le pasa al abuelo de Eusebio?

4 ¿Qué se propone Eusebio?

5 ¿Cómo lo va a hacer?

PASO 3 Tapad las pistas con una hoja de papel.

PASO 4 Organizaos en grupos de 3 o 4 participantes. Uno de vosotros arbitrará el juego y dirá si las respuestas son válidas.

PASO 5 El primer jugador tira el dado y avanza las casillas que indique (puede iniciar el juego el participante que saque el número más alto).

PASO 6 ■ Si cae en una casilla vacía, pierde la vez.
■ Si cae en una casilla con círculo de color, tiene que explicar en qué le ayudará este tipo de actividad.
■ Si cae en una casilla numerada, contestará a la pregunta sobre la cubierta y la contracubierta.

PASO 7 ■ Si aciertas, adelantas una casilla.
■ Si fallas, retrocedes dos casillas y pasas el turno a otro jugador.

PASO 8 Gana quien llegue primero a la meta.

LEE EN SILENCIO

Puedes consultar el libro las veces que lo necesites

¡Empezamos!

Lee los **capítulos 1, 2, 3 y 4** y, después, realiza las actividades.

➡ **¿Qué decidió Eusebio con ocho años y medio?**

a No preguntarle nada más a sus padres.

b Aprenderse una página del diccionario al día.

c No volver al colegio.

➡ **¿En qué materia empezó a interesarse Eusebio con nueve años y medio?**

a Ciencias.

b Historia.

c Lingüística.

➡ **¿Qué frase guía a Eusebio en su vida desde que la escucha?**

a El saber no ocupa lugar.

b La ciencia es la madre de todos los saberes.

c La ciencia, sin alma, no es ciencia ni es nada.

➡ **¿A qué conclusión llega Eusebio tras observar a su abuelo?**

a Que es muy poco feliz.

b Que sabe muy poco del mundo.

c Que es la alegría personificada.

➡ **Marca con una cruz las tres afirmaciones que son verdaderas.**

☐ La abuela Agripina murió joven de unas fiebres.

☐ El Celta es un bar decorado en colores verde y amarillo.

☐ Aquilino nunca termina los crucigramas.

☐ Eusebio comprueba en la enciclopedia todo lo que le dicen sus padres.

☐ Aquilino aborrece jugar a la petanca.

➡ **¿Cuál de los cuadernos de Eusebio te gusta más? Explica por qué.**

☐ El marrón, donde apunta las palabras nuevas que aprende.

☐ El amarillo, donde anota las observaciones sobre su abuelo.

☐ El verde, donde escribe el proyecto para que su abuelo no se aburra.

_____

_____

➡ **¿Para que utilizarías un cuaderno de tapas moradas?**

_____

Juega con las palabras

Busca cada palabra en la página indicada del libro. Lee el párrafo en el que está para deducir su significado.

➜ **Escribe el número del significado correcto.**

1 **prodigio** (página 13)

2 **adoptado** (página 15)

3 **pelma** (página 18)

4 **harto** (página 18)

5 **vencejo** (página 20)

6 **cavilar** (página 21)

7 **netas** (página 22)

8 **sazón** (página 24)

☐ Persona a la que toman como hijo.

☐ Pensar a conciencia algo.

☐ Persona con talento, genio.

☐ Mucho, abundante.

☐ Tipo de pájaro.

☐ Claras, bien definidas.

☐ Sabor en los alimentos.

☐ Persona muy pesada.

➜ **Completa las oraciones con algunas de las palabras de la actividad anterior.**

● Se sentó a _____ sobre las posibles soluciones al problema.

● Óscar es un _____, no para de repetir la misma pregunta.

● La joven pianista es un _____; nos sorprendió con su talento.

➜ **Elige dos palabras de la actividad anterior de las que no conocías su significado o te parezcan difíciles. Escribe una oración con cada una.**

Palabra: _____

Oración: _____

Palabra: _____

Oración: _____

Ponle título

Escribe al lado de cada título el número que se corresponde con las oraciones.

1. A don Blas le empezaba a salir humo de las orejas.
2. Desde entonces, Aquilino Carballo se aburría como un mejillón de roca.
3. Siempre fue muy listo y espabilado.
4. ¡Qué me dices! ¿Que tenemos en casa una enciclopedia Larousse?
5. Eusebio se propuso hacer feliz a toda la humanidad.

UNA META ELEVADA ☐

UN GENIO ☐

EL DESCUBRIMIENTO ☐

EL PROFESOR HUMILLADO ☐

LA MOTIVACIÓN ☐

Palabra intrusa

Tacha la palabra incorrecta en cada oración.

Las • Cada noche, antes de acostarse, leía tres **veces • vez** su frase favorita. Muy despacio. Con mucha **entonaciones • entonación**. Y, poco a poco, **empezó • empezaron** a comprenderla. Lo que **querían • quería** decir era que **la • una** ciencia no puede consistir solo en **grandes • gran** investigaciones, **enorme • enormes** laboratorios y ecuaciones escritas sobre una pizarra. La ciencia debe **estar • ser** al servicio **de • a** las personas. Los científicos investigan y **experimenta • experimentan** para intentar que las personas vivan mejor y **fueren • sean** más **felices • feliz**.

La ciencia sin alma, no es ciencia ni es nada

¡Mucha atención!

Escribe cuántas veces se repite cada imagen.
Cuenta solo con la vista.

¿Qué sabes de la lectura en voz alta?

Marca V o F al lado de cada afirmación, según sea
verdadera o falsa

	V	F
1 La lectura en voz alta es igual que la lectura en silencio.	☐	☐
2 Para leer en voz alta se recomienda leer antes el texto.	☐	☐
3 Conviene leer nervioso para fijarse mejor en todo.	☐	☐
4 Al leer en voz alta, no hay que levantar la vista del libro.	☐	☐
5 Todas las oraciones deben leerse al mismo ritmo.	☐	☐
6 Hay que dar entonación a las frases que se leen.	☐	☐
7 Es mejor no hacer pausas hasta que la respiración aguante.	☐	☐
8 Conviene ponerse frente a las personas que escuchan.	☐	☐
9 Antes de leer, se puede preparar la voz con trabalenguas.	☐	☐
10 Al leer, el volumen debe ser siempre muy alto.	☐	☐

Solo con los ojos

Lee las palabras de cada columna de arriba abajo.

A	que	interesarse
los	poseía	por
nueve	una	las
años	mente	noticias
y	analítica,	relacionadas
medio,	cuando	con
Eusebio	empezó	la
descubrió	a	ciencia.

➡ **¿A qué edad descubre Eusebio que tiene una mente analítica?**

_____

Lee cada pareja de palabras fijando la vista en el punto.

revista ● ciencia
tomo ● enciclopedia
noticia ● tele
colegio ● profesor

cuaderno ● pluma
artículo ● revista
profesor ● ciencia
gafas ● sol

sol ● cielo
tomo ● ejemplar
noticia ● revista
prensa ● periódico

➡ **¿Qué palabra se repite tres veces?** ....

Busca las palabras que no se repiten y escríbelas.

boca	caballo	zona	solar	casa	salón
saber	zapato	carga	azul	boca	solar
casa	azul	salón	caballo	zapato	caballo
solar	carga	ciego	....		....

mesa	sabor	árbol	libro	colegio	tabla
cuaderno	tabla	prensa	amarillo	lirio	sabor
profesor	amarillo	lirio	cuaderno	silla	árbol
prensa	silla	mesa	....		....

Hitos de la ciencia

Lee con atención el siguiente texto y, después, realiza las actividades.

SIGLO XVIII La primera vacuna	SIGLO XIX El teléfono	SIGLO XX La llegada a la Luna
La viruela era una enfermedad mortal hasta que, en 1796, Edward Jenner estudió a un chico que tenía una enfermedad parecida y descubrió que, si inyectaba este otro virus a la gente, se volvían inmunes a la viruela. Esta fue la primera vacuna y salvó la vida de mucha gente.	En 1854, Antonio Meucci descubrió cómo enviar señales acústicas mediante señales eléctricas: el teléfono. Como no tenía dinero para registrar esta idea, fue Graham Bell quien lo patentó en 1876. Por eso, muchos piensan que fue él quien creó este invento que facilita la comunicación a distancia.	El 18 de mayo de 1969, la NASA lanzó la cápsula del Apollo 10 para que el ser humano pisara la Luna por primera vez. Los astronautas Thomas P. Stafford, John W. Young y Eugene A. Cernan, lograron pisar nuestro satélite el 26 de mayo de ese año. Este fue un gran paso para la investigación espacial.

➡ Indica si cada una de estas afirmaciones es verdadera (V) o falsa (F).

V **F**

1 Graham Bell no fue el que inventó el teléfono. ☐ ☐

2 La primera vacuna fue la de la rubeola. ☐ ☐

3 Antonio Meucci no tenía dinero para registrar su idea. ☐ ☐

4 En 1796, la viruela no amenazaba la vida de las personas. ☐ ☐

5 Los primeros en pisar la Luna fueron dos astronautas de la NASA. ☐ ☐

➡ Relaciona los hitos de la ciencia con los nombres de quienes los llevaron a cabo.

Thomas P. Stafford. ●

Edward Jenner. ●   ● La primera vacuna.

John W. Young. ●   ● El teléfono.

Antonio Meucci. ●   ● La llegada a la Luna.

Eugene A. Cernan. ●

LEE EN SILENCIO

Puedes consultar el libro las veces que lo necesites

¡Empezamos!

Lee los **capítulos 5, 6, 7 y 8** y, después, realiza las actividades.

→ **¿Por qué Eusebio va a pedir ayuda a Pepa?**

a Porque se siente solo.

b Porque es muy maja.

c Porque es muy inteligente.

→ **¿Qué solución da Pepa a Eusebio para ayudar a su abuelo?**

a Llevarlo al teatro.

b Encontrarle un amigo.

c Encontrarle una novia.

→ **¿Con qué nombre llama Pepa a Eusebio?**

a Seb.

b Sebas.

c Sebi.

→ **¿Qué libro recomienda a Eusebio la bibliotecaria?**

a *Mujercitas.*

b *Momo.*

c *Matilda.*

→ **¿Por qué Paqui casi se cae de culo al leer el expediente lector de Eusebio?**

....

....

→ **¿Qué utilizan Eusebio y Pepa para llamarse?**

....

....

→ **Marca con una cruz las tres afirmaciones que son verdaderas.**

☐ Pepa llama a Eusebio jefe sioux.

☐ Paqui tiene la edad de Romeo y Julieta.

☐ Eusebio pide el ejemplar de la editorial Cátedra.

☐ Paqui está sustituyendo a doña Elvira.

☐ Pepa sugiere a Eusebio que Aquilino necesita un alma gemela.

☐ El padre de Pepa aborrece a Eusebio.

Juega con las palabras

Busca cada palabra en la página indicada del libro. Lee el párrafo en el que está para deducir su significado.

→ Escribe el número del significado correcto.

1. **comanche** (página 29)
2. **penetrante** (página 30)
3. **desvelos** (página 32)
4. **anhelos** (página 32)
5. **disconformidad** (página 33)
6. **hipocorístico** (página 34)
7. **agotador** (página 35)
8. **natal** (página 38)
9. **gélido** (página 40)
10. **tejuelo** (página 41)

- Helado, muy frío.
- Que entra mucho en algo.
- De nacimiento.
- Preocupaciones.
- Perteneciente a una tribu india.
- Deseos.
- Diminutivo usado de forma cariñosa.
- Que cansa.
- Papel en el lomo de un libro con su código.
- Oposición, desacuerdo.

Sopa de letras

Busca estas palabras en la sopa de letras.

libro

ficha

letra

estante

tapa

hoja

A	R	C	A	R	T	E	L	I	P
J	R	T	M	R	O	T	C	E	L
O	I	E	Z	M	E	N	A	R	O
H	O	D	S	A	D	A	B	A	M
I	B	I	T	U	N	T	O	U	A
O	R	C	E	L	M	S	I	T	H
R	A	I	N	A	C	E	Z	O	C
B	S	O	U	P	I	L	N	R	I
I	U	N	O	A	M	A	I	O	F
L	P	O	R	T	A	D	A	S	U

autor

lector

resumen

edición

portada

A ver si recuerdas

Tacha las diez palabras que no estaban en el ejercicio anterior.

lápiz libro ficha portada resumen vida

página letra tema hoja datos

autor obra nota boli estante copista

tinta revista lector tapa

Sigue las pistas

Lee las pistas y escribe el nombre de cada obra debajo de su libro.

El libro de *Moby Dick* tiene las tapas azul oscuro.

El libro de *La isla del tesoro* está tumbado.

El libro de *La historia interminable* está a la derecha de *El Principito.*

El libro de *El Principito* tiene las tapas azul claro.

El libro de *Frankenstein* es el más pequeño.

1 .... 2 ....

3 .... 4 .... 5 ....

¡Mucha atención!

Observa el recuadro y responde lo más rápido que puedas.

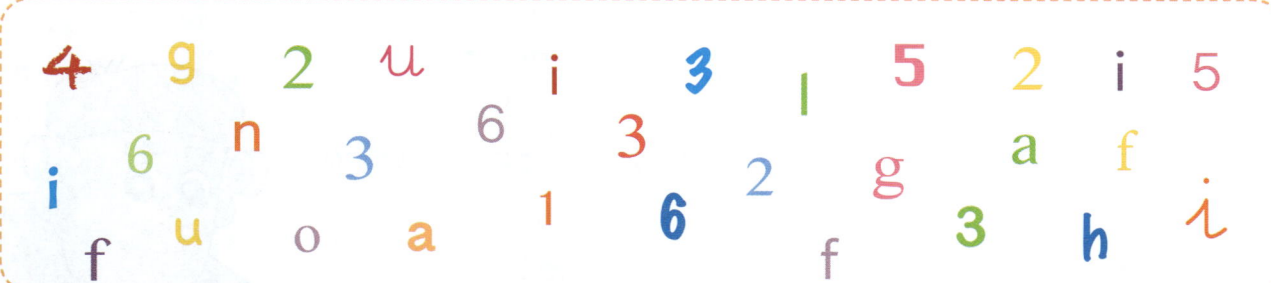

4 g 2 u i 3 5 2 i 5
  6 n 3 6 3 2 g a f
i f u o a 1 6 f 3 h i

→ **¿Qué vocal falta?** ....

→ **¿Qué número se repite dos veces?** ....

→ **¿Qué letra se repite tres veces?** ....

→ **¿Qué vocal se repite una vez?** ....

→ **¿Qué número no se repite?** ....

¿Cuidas la velocidad?

Lee las palabras en negrita muy rápido y las subrayadas muy despacio. Prepara antes la lectura en silencio.

> Doña Elvira colgó el **teléfono** y sonrió, sospechando quién podía ser ese joven lector que llevaba **de cabeza** a su suplente. Luego, se colocó un precioso sombrero amarillo y salió de casa **dispuesta a desafiar** por un rato el **gélido y lluvioso** verano **donostiarra.** Y es que, en aquel tiempo **remoto,** las cosas del clima todavía funcionaban como Dios manda.
>
> Cuando Paqui consultó el historial lector de Eusebio, casi **se cae de culo.** En los últimos dos años, Eusebio había sacado de la biblioteca más de cien libros. El **último de ellos,** *Moby Dick,* en edición anotada por don Miguel de Unamuno.

Solo con los ojos

Lee las palabras de cada etiqueta de un solo golpe de vista.

En efecto, esa misma tarde, Eusebio se leyó

Frankenstein de pe a pa. Lo cierto es que le fascinó,

provocándole emociones diversas, de la ternura al

escalofrío, como debe conseguir

todo buen libro de sus lectores. Sin embargo,

no le pareció que aquella historia le pudiese ser

de mucha ayuda para conseguir su propósito.

➡ **¿Qué libro se lee Eusebio?**

_____

➡ **¿Qué emociones provoca en Eusebio la lectura de ese libro?**

_____

Lee cada pareja de palabras fijando la vista en el punto.

historia ⬤ novela	mus ⬤ petanca	libro ⬤ hoja
título ⬤ libro	vida ⬤ muerte	tejuelo ⬤ historia
obra ⬤ tejuelo	hoja ⬤ canto	pala ⬤ pico
canto ⬤ hoja	pesca ⬤ caña	voz ⬤ canto

➡ **¿Qué palabra se repite tres veces?**

_____

Una postal en vacaciones

Lee la postal de Pepa y realiza las actividades.

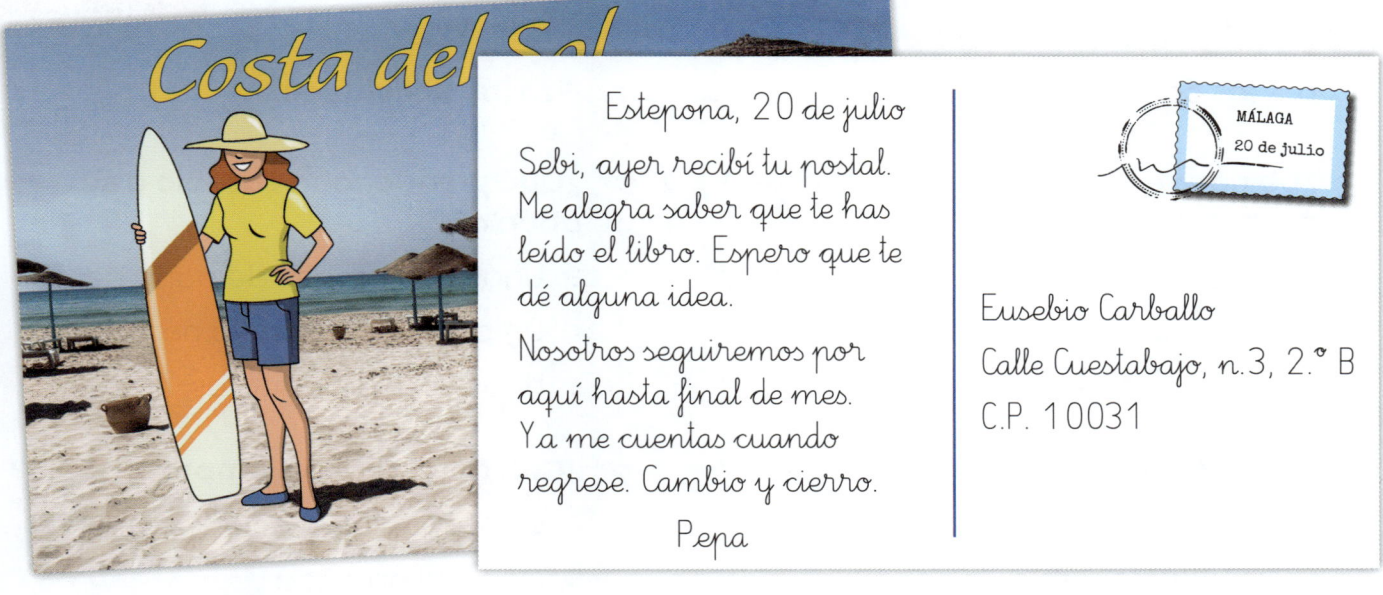

Estepona, 20 de julio

Sebi, ayer recibí tu postal. Me alegra saber que te has leído el libro. Espero que te dé alguna idea.

Nosotros seguiremos por aquí hasta final de mes. Ya me cuentas cuando regrese. Cambio y cierro.

Pepa

MÁLAGA
20 de julio

Eusebio Carballo
Calle Cuestabajo, n. 3, 2.º B
C.P. 10031

➜ **¿En qué provincia está Estepona? Indica de dónde has sacado esta información.**

_____

➜ **¿Cuántos días ha tardado Pepa en enviar la postal desde que la escribe?**

_____

➜ **Desde que escribe la postal, ¿cuántos días más estará Pepa en Estepona?**

_____

Indica si las siguientes afirmaciones son verdaderas (V) o falsas (F).

	V	F
1 Pepa se despide de Eusebio como cuando hablan por *walkie-talkie*.	☐	☐
2 A Pepa le falta poner la localidad y provincia de Eusebio.	☐	☐
3 La localidad en la que vive Eusebio se puede conocer por el código postal.	☐	☐

JUEGO 3

LEE EN SILENCIO

Puedes consultar el libro las veces que lo necesites

¡Empezamos!

Lee los **capítulos 9, 10, 11, 12 y 13** y, después, realiza las actividades.

→ **¿De dónde procede la mayor parte del polvo de las casas?**

a De la calle.

b De la comida.

c De las personas.

→ **¿De qué era fan Eusebio?**

a Del reciclaje.

b De la astronomía.

c De la repostería.

→ **Según Eusebio, ¿cuál es la principal cualidad de un buen científico?**

a la agilidad.

b la fuerza.

c la constancia.

→ **¿Qué prenda roba Eusebio a su abuelo?**

a Unos pantalones de pana negra.

b Un pijama de franela negra.

c Unos vaqueros negros.

→ **¿Con qué escribe siempre Eusebio?**

a Con lápiz.

b Con estilográfica.

c Con rotulador.

→ **¿Qué usa Eusebio para la cabeza de su creación?**

a Una pelota.

b Un globo.

c Un bidón.

→ **Numera estas situaciones según el orden en el que suceden.**

☐ El padre de Eusebio lee una noticia sobre el polvo.

☐ Aquilino no sabe dónde está su ropa.

☐ Eusebio construye la cabeza de su creación.

☐ El boticario pesa las bolsas de polvo.

☐ Eusebio construye el cuerpo de su creación.

☐ Eusebio guarda el polvo de su casa en bolsas.

Juega con las palabras

Busca cada palabra en la página indicada del libro. Lee el párrafo en el que está para deducir su significado.

➡ **Marca la definición correcta.**

- **dominical** (página 43)

☐ Propio de los dominicos.

☐ Que ocurre los domingos.

☐ Último día de la semana.

- **trapero** (página 45)

☐ Comerciante de trapos.

☐ Comerciante de objetos usados.

☐ Fabricante de trapos.

- **káiser** (página 49)

☐ Comandante.

☐ Emperador.

☐ Conde.

- **almanaque** (página 51)

☐ Balda de libros.

☐ Estantería de pie muy alargada.

☐ Calendario con los días del año.

- **expolio** (página 53)

☐ Antiguo novio.

☐ Acción y efecto de robar.

☐ Acción y efecto de enamorar.

- **cachivache** (página 54)

☐ Juguete antiguo.

☐ Cosa rota e inservible.

☐ Bebida con gas.

- **dobladillo** (página 56)

☐ Pliegue muy pequeño.

☐ Pliegue en los bordes de la ropa.

☐ Borde de la acera.

- **pelele** (página 57)

☐ Figura similar a un ser humano.

☐ Pelador de patatas.

☐ Persona que pelea habitualmente.

➡ **Señala las oraciones en las que la palabra resaltada se usa correctamente.**

☐ El coche se subió al **dobladillo** y estalló la rueda.

☐ Muchos periódicos tienen un suplemento **dominical.**

☐ ¡Tira ese **cachivache** que solo estorba en tu cuarto!

☐ Ana no quiere ver a su **expolio** desde que rompieron.

➡ **Elige una palabra del ejercicio anterior de la que no conocías su significado o te parezca difícil. Escribe una oración con ella.**

Palabra: ....

Oración: ....

En clave

Lee el texto y elige las dos palabras que consideres más importantes para resumirlo.

Como Eusebio era un ser humano adelantado a su tiempo, también era un fan del reciclaje. Nunca tiraba nada a la basura. Devolvía siempre las botellas vacías de gaseosa y cerveza; el cartón y la ropa vieja los llevaba al trapero de su barrio; y buscaba una nueva vida para casi todo lo demás: desde las pilas usadas a los envases de plástico o los restos de pinturas de cera Manley.

→ **He elegido las palabras...**

.... : porque ....

.... : porque ....

Encaja las piezas

Ordena las palabras para formar oraciones y escríbelas debajo.

1 de sabrá el ese polvo Qué limpiar señor.

....

2 una lo vida demás para nueva Buscaba casi todo.

....

3 su amigo un abuelo un para plan conseguirle a Tenía.

....

4 más báscula de Es que adultos la precisa.

....

5 ahuyentar hondo Inspiró temores para sus.

....

¡Mucha atención!

Escribe cuántas veces se repiten las letras o los números indicados en cada recuadro.

6	4	1	3	2	5
7	9	3	7	8	9
1	0	4	9	7	4
8	6	7	4	0	9
5	6	0	3	2	1
7	5	4	3	6	8

1: _____   3: _____

5: _____   7: _____

B	4	8	8	2	U
S	W	F	D	2	L
L	O	B	3	F	Z
B	8	F	Ñ	8	O
2	Z	S	J	O	9
K	W	8	4	F	Ñ

B: _____   F: _____

2: _____   8: _____

f	c	a	c	b	p
r	z	l	k	d	y
k	n	c	h	z	s
f	c	s	h	g	w
h	a	b	o	c	ñ
q	h	u	t	n	u

z: _____   h: _____

b: _____   c: _____

¿Levantas la mirada?

Lee este texto como si fueras un presentador de televisión. Alza los ojos cada vez que encuentres este signo 👀.

Naturalmente, el responsable de la desaparición de los pantalones (👀) no era otro que Eusebio, (👀) quien los había sustraído del armario mientras el abuelo Carballo acudía al banco a cobrar su pensión de jubilación, (👀) cosa que siempre hacía vestido con el traje de los domingos. (👀) Y no solo se había llevado sus pantalones; (👀) también había tomado prestados un par de calcetines gordos, unas botas Chirukas, la camisa de ir a los funerales de los amigos, (👀) unos guantes de lana, una bufanda y una boina. (👀)

Como el abuelo había sido siempre muy despistado y, además, empezaba a fallarle la memoria, (👀) no se percató del expolio, salvo de la llamativa ausencia de sus pantalones. (👀)

AUTOEVALUACIÓN

Al leer, ¿diriges la **mirada** al auditorio?

Valóralo del 1 al 10 ➡   1 2 3 4 5 6 7 8 9 10

Solo con los ojos

Lee las palabras de cada etiqueta de un solo golpe de vista.

Cuando zapatos, calcetines, pantalones, camisa y guantes

estuvieron completamente rellenos de pelusa orgánica, Eusebio se enfrentó

a la parte más importante y difícil: la confección de la cabeza.

➡ **¿ Qué parte dejó Eusebio para el final?**

....

Lee cada pareja de palabras fijando la vista en el punto.

sábana ● cama	polo ● polaina	mesa ● salón
zapato ● pantalón	cama ● pelusa	trastero ● pelusa
pelusa ● polaina	bata ● jersey	escoba ● cepillo
trastero ● salón	mesa ● silla	cama ● colchón

➡ **¿Qué palabra se repite tres veces?**

....

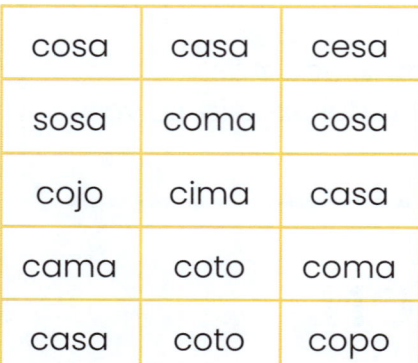

**Escribe debajo de cada conjunto las palabras que se repiten
y cuántas veces lo hacen.**

cosa	casa	cesa
sosa	coma	cosa
cojo	cima	casa
cama	coto	coma
casa	coto	copo

gota	gozo	gato
gorro	gamo	gama
gozo	ganas	gota
gamo	gato	gamo
gota	gola	gato

pomo	poto	poco
paño	poso	palo
pozo	polo	poro
poto	poco	poto
pomo	poto	polo

....

....

Instrucciones para construir una cabeza

Lee estas instrucciones y, después, realiza las actividades.

Compra un globo, un bote de cola, un rollo de papel de cocina y coge un cuenco con agua.

Moja el papel en la mezcla y, cortado en trozos, colócalo sobre el globo en dos capas.

3

1  Infla el globo, pero no del todo para que no se pinche fácilmente.

4 A continuación, haz los detalles (boca, nariz, ojos y pelo) con más trozos de papel mojado.

2 Toma el cuenco, vierte el bote de cola, 1/3 de un vaso de agua y remueve la solución.

5 Deja secar un día, pincha el globo y, si quieres, pinta la cabeza con témperas.

➜ **Señala si las siguientes afirmaciones son verdaderas (V) o falsas (F).**

	V	F
① Es necesario que compres dos globos.	☐	☐
② Debes hinchar el globo todo lo que se pueda.	☐	☐
③ Tienes que esperar un día para pinchar el globo.	☐	☐
④ El papel de cocina se moja solo en la cola.	☐	☐
⑤ Los detalles de la cara es lo primero que se hace.	☐	☐

➜ **¿En qué se moja el papel de cocina?**

_____

➜ **¿Con qué se hacen la nariz y los ojos?**

_____

21

Organiza las ideas

Lee esta oración y, después, realiza las actividades.

> Un buen científico debe ser inteligente, constante y también valiente.

→ **Rodea con un círculo rojo el concepto central y con círculos azules los conceptos principales. Subraya las palabras de enlace.**

→ **Completa con estas ideas el mapa conceptual.**

Este gráfico es un mapa conceptual y ayuda a organizar las ideas de un texto.

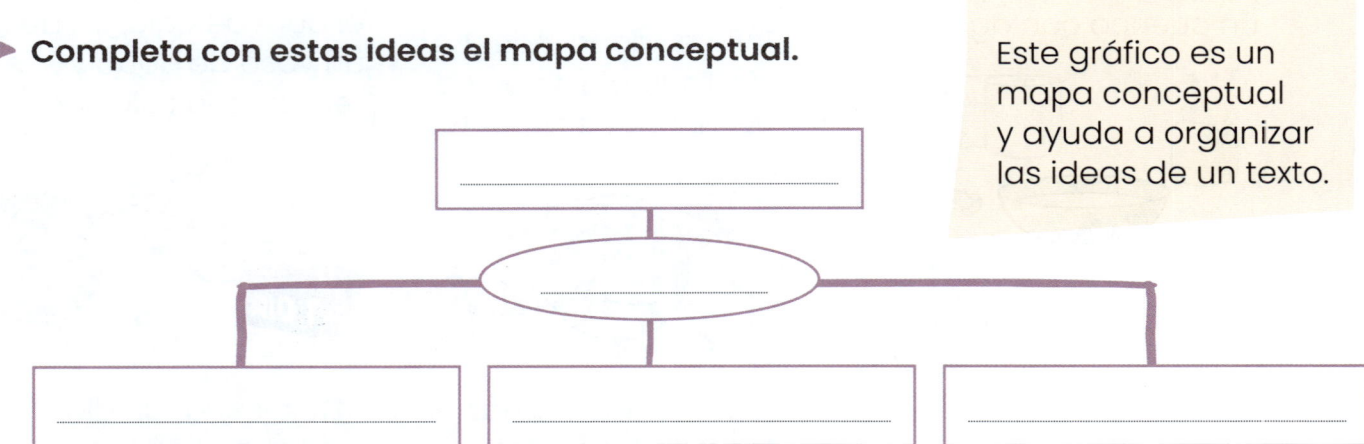

¡Ahora tú!

→ **Lee el mapa conceptual e intenta reconstruir el texto con tus palabras. Explica su contenido al resto de la clase.**

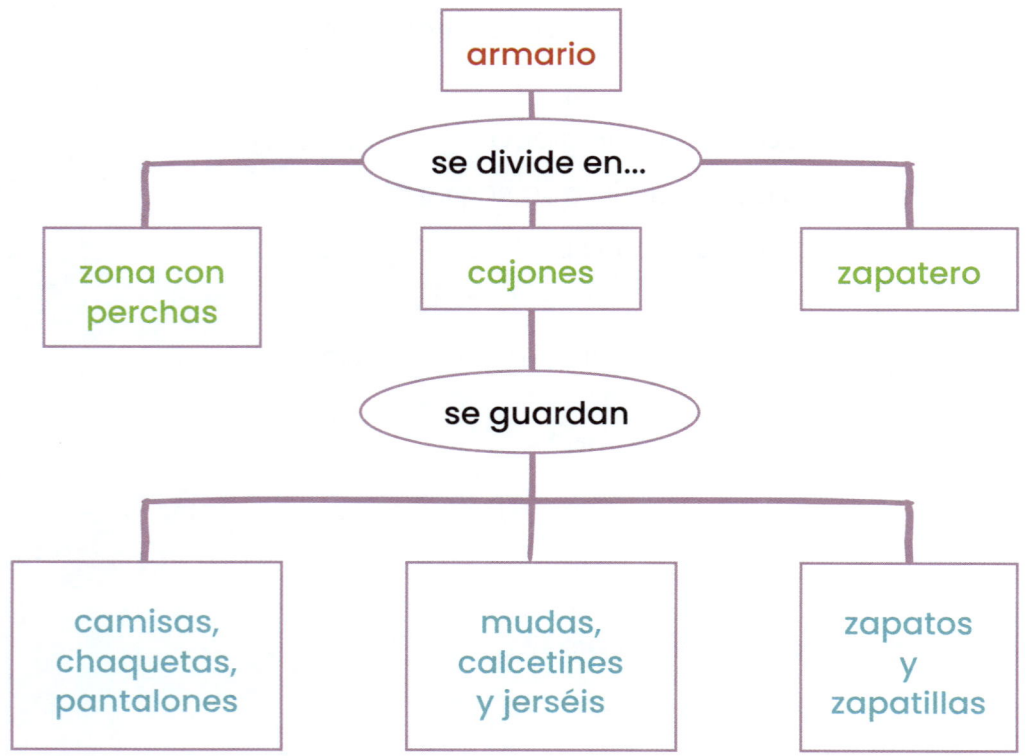

Oro, plumero y constancia

**Presta mucha atención el texto que vas a escuchar.
Luego, realiza las actividades.**

El texto está en las páginas 47 a 50 del libro.

→ **Don Gerardo y Manolita creen que limpia la casa...**

a Eusebio.

b Pepa.

c Aquilino.

→ **¿Cuántas bolsas pesa Eusebio en la botica?**

a Siete.

b Cuatro.

c Cinco.

→ **¿Cómo pesa las bolsas el boticario?**

a Con una balanza de comida.

b Con una báscula de bebés.

c A ojo.

→ **¿Cuánto tiempo pasa Eusebio recogiendo polvo?**

a Horas y horas.

b Días y días.

c Meses y meses.

→ **Marca con una cruz las tres afirmaciones que son verdaderas.**

☐ Las bolsas que Eusebio lleva a la botica pesan tres kilos.

☐ Eusebio recoge el polvo de toda la casa.

☐ Eusebio recoge polvo durante nueve semanas y media.

☐ Los padres de Eusebio le felicitan por ser tan limpio.

☐ El boticario era calvo, muy serio y con bigote.

☐ Pepa ayuda a recoger polvo a Eusebio.

→ **¿A quién de tu familia le crearías un compañero? ¿Por qué?**

_____

_____

23

JUEGO 4

LEE EN SILENCIO

Puedes consultar el libro las veces que lo necesites

¡Empezamos!

Lee los **capítulos 14, 15, 16 y 17** y, después, realiza las actividades.

→ **En la tienda de disfraces tienen una careta de...**

a el Papa.

b Harry Potter.

c Hulk.

→ **Una de las películas de terror que echan en la filmoteca es...**

a *la casa encantada.*

b *la mano.*

c *el hombre lobo.*

→ **¿Qué se apuestan Pepa y Eusebio mientras regresan a casa?**

a Un refresco.

b Una entrada.

c Un beso.

→ **¿Qué responde Pepa cuando Eusebio le propone ir al cine con él?**

a Que no le apetece.

b Que sí va.

c Que ya tenía planes.

→ **¿En qué curso están Eusebio y Pepa? ¿Estudian en el mismo centro? Justifica tu respuesta.**

_____

_____

_____

→ **¿Por qué Eusebio se siente en la gloria en el cine aunque le duelen el brazo, la espalda y el culo?**

_____

→ **Indica si las siguientes afirmaciones son verdaderas (V) o falsas (F).**

	V	F
1 Pepa estudia *ballet* en francés.	☐	☐
2 Eusebio es del montón en su clase.	☐	☐
3 Eusebio y Pepa son cinéfilos.	☐	☐
4 Pepa es la más lista de su clase.	☐	☐

Juega con las palabras

Ordena las sílabas para formar palabras y búscalas en la página indicada del libro para deducir su significado.

→ Escribe cada palabra al lado de su definición.

ra-fri-tu (página 62) **ter-é** (página 62) **pec-dor-ta-es** (página 68)

lla-ta-qui (página 61) **tro-ros** (página 60) **su-tar-re-ci** (página 72)

bo-a-no (página 61) **fi-né-los-ci** (página 67)

- .... : conjunto de cosas fritas.
- .... : lugar donde se venden billetes.
- .... : devolver la vida a algo muerto.
- .... : compuesto químico inflamable.
- .... : que asiste a un espectáculo.
- .... : parte de la cabeza en la que están la boca y los ojos.
- .... : conjunto de entradas que sale más barato.
- .... : aficionados al cine.

En un espejo

Lee este texto y contesta a las preguntas.

—¡Ay, es verdad! Cambio. ¡Digo, no! No cambio, no. Verás, resulta que "...¡ejem...!¡ que por pura casualidad tengo dos entradas para el ciclo de cine de terror de la Filmoteca. Dos entradas. No una ni tres sino dos. Dos. Y "... y el domingo echan Frankenstein y he pensado que quizá te gustaría verla. Como tú me recomendaste leer la novela... Lo que pasa es que el ciclo empieza el viernes con Drácula y "... ya que tengo los abonos pensaba ir a verla también, de todos modos, y "... Y me preguntaba si "... si querrías acompañarme.

1 ¿Cuál es la primera película que echan?

2 ¿Qué día la echan?

3 ¿Qué película ponen el domingo?

A ver si recuerdas

Señala con una cruz los pasajes que aparecen en el texto de la página anterior.

- [ ] Como tú me recomendaste la novela...
- [ ] Ya sé que te gustan las pelis de miedo.
- [ ] He pensado que podría comprar palomitas.
- [ ] Dos entradas. Dos. No una ni tres sino dos.
- [ ] Puedo pedir los refrescos si llego antes que tú.
- [ ] Siempre he pensado que podríamos ir juntos al cine.
- [ ] Tengo dos entradas de la Filmoteca para el ciclo de terror.
- [ ] Lo que pasa es que el ciclo empieza el viernes con *Drácula*.
- [ ] Ya que tengo los abonos pensaba ir a verla también.
- [ ] Siempre puedes decir que no, claro.

Un recorrido

Dibuja en el mapa el recorrido que se indica.

Indicaciones
2 cuadros hacia el norte.
10 cuadros hacia el este.
3 cuadros hacia el norte.
11 cuadros hacia el oeste.
3 cuadros hacia el norte.
4 cuadros hacia el este.
4 cuadros hacia el norte.
2 cuadro hacia el este.
1 cuadros hacia el norte.

→ **¿A quién has encontrado? Rodéalo.**

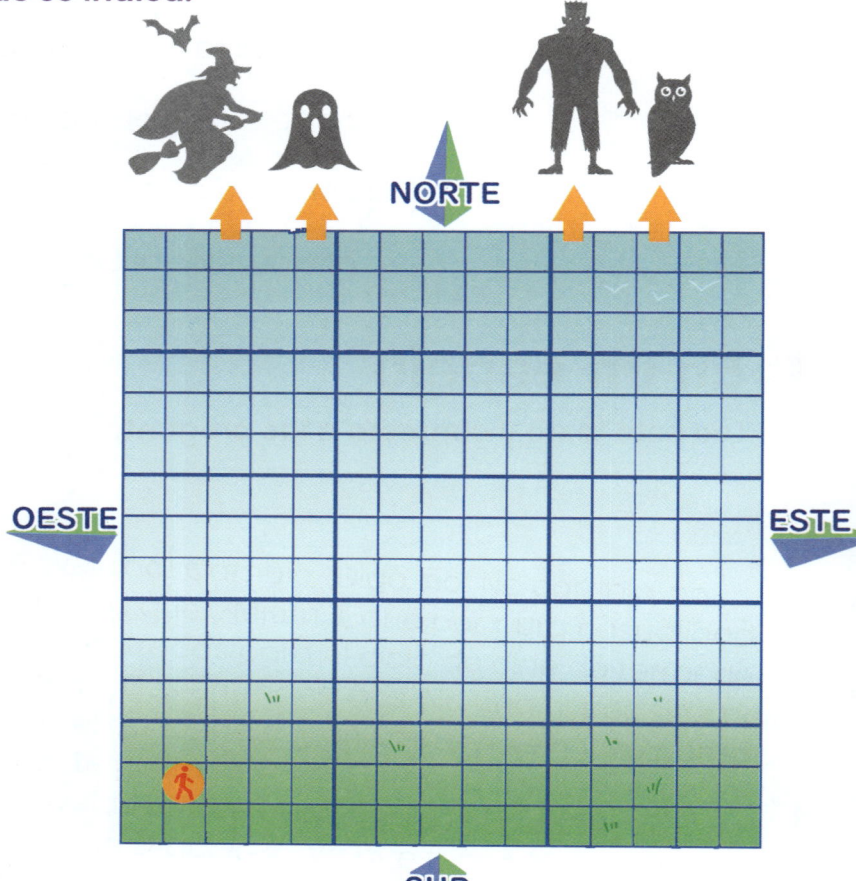

¡Atención a las fotos!

Fíjate en el primer cuadro.

➜ **Escribe el número del objeto que falta en los siguientes recuadros.**

¿Cómo lees?

Lee este texto subiendo o bajando la entonación en la dirección que indique cada flecha.

De regreso a casa, (↑) caminaron un rato en silencio, (↑) sin cogerse de la mano ni nada. (↓) Eusebio miraba a Pepa a hurtadillas. (↓) Así, (↑) se percató de cuánto había ella cambiado en los últimos meses. (↓) Entre otras cosas, (↑) había crecido. (↓) Él siempre había sido más alto que ella; (↑) ahora, ambos tenían la misma estatura. (↓) De seguir así la cosa, (↑) pronto Pepa sería más alta que él; (↑) y esa idea lo perturbó. (↓)

AUTOEVALUACIÓN

¿Haces las **pausas** correctamente y con naturalidad?

Valóralo del 1 al 10 ➜ 1 2 3 4 5 6 7 8 9 10

Solo con los ojos

Lee el texto intentando abarcar cada línea en un solo golpe de vista.

Entre
otras opciones,
había pensado en
utilizar la cabeza de un
maniquí de la sección de caballeros
de El Corte Inglés, en pegar sobre el bidón
de aceite una fotografía de sir Laurence Olivier e
incluso en recurrir al vandalismo callejero y robar
el busto de Miguel Servet que el ayuntamiento
había instalado al final de su calle, sobre un
pedestal. Pero desechaba todas esas
ideas, una tras otra, por demasiado
costosas, absolutamente
incívicas o totalmente
inviables.

➡ **¿Por qué descarta las ideas?**

Lee cada pareja de palabras fijando la vista en el punto.

entrada ● salida	butaca ● acomodador	linterna ● pantalla
cine ● sala	película ● entrada	proyector ● entrada
película ● palomitas	bebida ● palomitas	tienda ● refresco
sala ● proyector	taquilla ● butaca	terror ● cine

➡ **¿Qué palabra se repite tres veces?**

Indica cuántas palabras tienen la sílaba de la izquierda.

dor	donación, sanador, duelo, dormido, adorno, apoyo, comedor, vestidor, vestida, dorado, adormecer, doma, volandas, dinero.	⬚
ble	posible, cobre, bendito, bueno, benigno, salubre, ubre, cable, blanco, broma, saludable, brezo, cobra, blasón.	⬚
pro	apoyo, postal, precio, premio, pradera, prisa, opaco, proyecto, compra, soprano, lepra, temprano, privado, primo.	⬚

La reseña de una película

Lee la reseña de esta película y realiza las actividades.

LA CRIATURA

Aspectos que conserva del original
- El carácter atormentado de la criatura.
- La sed de conocimiento de la criatura.
- El sentimiento de culpa de los herederos.

Aspectos novedosos
- El atractivo del monstruo, que ya no parece un ser terrible.
- Una trama de intriga en un mundo actual.

Película muy taquillera, con casi 500 millones de euros recaudados en las tres primeras semanas de su estreno, lo que la coloca entre las sesenta más vistas de toda la historia. ¡Una película que no te puedes perder!

Frankenstein XXI: el regreso

Frankenstein XXI es una película trepidante con una trama muy sencilla: la criatura busca en Ginebra a los herederos de su creador, Victor Frankenstein, para que la reconozcan como parte de la familia.

Valoración
★★★★⯪

➡ **Señala si las siguientes afirmaciones son verdaderas (V) o falsas (F).**

		V	F
❶	El nombre de Frankenstein es el del creador del monstruo.	☐	☐
❷	La película está entre las cincuenta más taquilleras de la historia.	☐	☐
❸	La criatura tiene el mismo aspecto que en la película antigua.	☐	☐
❹	La nueva película conserva el carácter de la criatura.	☐	☐

➡ **¿Qué parte del título de la película te indica que es una nueva versión?**

_____

➡ **Del 1 al 10, ¿cuánto crees que es 4,5 estrellas? ¿La película está bien valorada?**

_____

➡ **Di cuál es tu película favorita y explica por qué lo es. Coméntalo con el resto de la clase.**

_____

LEE EN SILENCIO

Puedes consultar el libro las veces que lo necesites

¡Empezamos!

Lee los **capítulos 18, 19, 20 y 21** y, después, **realiza las actividades.**

→ **Al ver al abuelo bis, Pepa...**

a se queda impresionada.

b se queda decepcionada.

c se queda horrorizada.

→ **¿Cómo da vida el doctor Frankenstein al monstruo?**

a Con electricidad y fuego.

b Con electricidad y agua.

c Con electricidad y rayos.

→ **En la cita del domingo Eusebio y Pepa van...**

a a la casa de Eusebio.

b a la Filmoteca.

c a la casa de Pepa.

→ **¿Qué tiempo hace al salir del cine?**

a Llueve a cántaros.

b Hace mucho sol.

c Está nublado.

→ **Señala las afirmaciones sobre Eusebio que son verdaderas.**

☐ Cree que el abuelo bis está imponente.

☐ Al ver la película toma de la mano a Pepa.

☐ Cree que le falta algo al abuelo bis.

☐ Está aburrido de tanto pensar.

☐ Escribe en su cuaderno verde durante la película.

→ **¿Qué tipo de electricidad quiere usar Eusebio?**

☐ La de una tormenta.

☐ La hidráulica.

☐ La doméstica.

☐ La eólica.

→ **¿Qué quería hacer Eusebio antes de intentar dar vida a su creación?**

_____

→ **¿Por qué Eusebio no puede dormir la noche del domingo?**

_____

Juega con las palabras

Busca cada palabra en la página indicada del libro. Lee el párrafo en el que está para deducir su significado.

➜ Escribe el número del significado correcto.

1 **logaritmo** (página 77)

2 **txapela** (página 78)

3 **gabardina** (página 78)

4 **propósito** (página 80)

5 **emoción** (página 81)

6 **cúpula** (página 82)

7 **pavorosa** (página 82)

8 **estratosfera** (página 85)

9 **voltio** (página 86)

10 **doméstica** (página 86)

Perteneciente o relativa a la casa.

Abrigo o impermeable.

Una de las capas de la atmósfera.

Intención de hacer o no hacer algo.

Alteración del ánimo agradable o penosa.

Techo en forma de media esfera.

Boina vasca.

Unidad de la electricidad.

Operación matemática con un exponente.

Que causa terror.

➜ Señala las oraciones en las que la palabra resaltada se usa correctamente.

Me voy a dar un **voltio** por la plaza y luego vuelvo.

La **cúpula** de la catedral tenía pinturas asombrosas.

Se puso un **propósito** sobre la herida para que no se infectara.

Cuando no hace demasiado frío, me pongo la **gabardina.**

➜ Elige dos palabras de la actividad anterior de las que no conocías su significado o te parezcan difíciles. Escribe una oración con cada una.

Palabra: ....

Oración: ....

Palabra: ....

Oración: ....

Sigue las pistas

Lee las pistas para averiguar quién es el abuelo Repe.

Lleva una gabardina marrón.

Es de complexión normal.

Lleva gafas redondas.

Pistas

Lleva una txapela negra.

Lleva una bufanda granate al cuello.

➔ El abuelo Repe es el que lleva la letra _____

 ¿Qué falta?

Completa esta tabla con los nombres y los verbos que faltan.

Nombres	Verbos		Nombres	Verbos
vestido				llover
	proyectar		escritura	
mirada				aprender
	comprar		sonrisa	
concentración				regalar

¡Atención a las fotos!

Rodea el cuadro en el que hay unas gafas que no se repiten.

¿Cómo es tu entonación?

Lee en voz alta las siguientes oraciones, cada vez con una de estas cinco entonaciones.

alegría • enfado • inseguridad • sorpresa • pena

¡Venga, Pepa! ¡Vamos a darle el toque final!

Queda un poco raro que vaya en mangas de camisa.

Eso ya lo tenía previsto.

En mi colegio tenemos jornada de mañana y tarde.

No me da pena el monstruo. Me da pena el doctor Frankenstein.

Tienes que ir corriendo a casa y tratar de poner en marcha a tu criatura.

AUTOEVALUACIÓN

¿Utilizas una **entonación** adecuada?

Valóralo del 1 al 10 ➜ 1 2 3 4 5 6 7 8 9 10

Solo con los ojos

Lee las palabras de cada etiqueta de un solo golpe de vista.

Primero, llenaron de polvo

y pelusas la garrafa

que iba a servir como

cráneo del nuevo abuelo.

Esta vez, Eusebio

las apretó con

todas

sus fuerzas porque

ya es sabido que se necesita

una buena cabeza.

una gran concentración de

materia gris para

disponer de

➡ **¿De qué llenaron la garrafa que iba a servir de cráneo?**

_____

Lee cada pareja de palabras fijando la vista en el punto.

bidón ● cabeza	operaciones ● cuentas	media ● cara
bufanda ● cuello	pelusa ● suelo	pañuelo ● hombro
polvo ● bolsa	armario ● polvo	suciedad ● fregona
nunca ● calculadora	boca ● nariz	techo ● polvo

➡ **¿Qué palabra se repite tres veces?** _____

Indica cuántas palabras tienen la sílaba de la izquierda.

timo	tino, pino, tina, toma, timo, tomo, tramo, tino, timo, trino, tono, taco, tilo, timo, lino, tela, tiro, timo, tila.	▢
roca	moca, boca, roca, toca, rica, rala, roma, rosa, rota, roca, rosa, rima, roza, roca, roma, boca, moca, raso.	▢
topo	tipo, tino, toca, toro, loro, toco, toso, topo, tomo, tono, topo, todo, toso, toda, toro, trozo, loco, toco.	▢
rifa	rica, rima, rifa, risa, lira, risa, rifa, misa, sisa, prisa, brisa, rosa, raso, rota, risa, rifa, rica, ristra.	▢

Un experimento científico

Lee con atención los pasos y consejos para hacer este experimento. Después, realiza las actividades.

COLORES PRIMARIOS Y SECUNDARIOS

Pasos del experimento

1. Consigue 6 tarros de cristal, 3 cucharillas de plástico, papel de cocina y tintes comestibles amarillo, magenta y cyan.

2. Llena 3 tarros con agua y añade en cada uno un tinte de color distinto.

3. Coloca los 6 tarros en un círculo, alternando los que tienen color y los que están vacíos.

4. Une los tarros con papel de cocina.

5. Espera 2 horas... Verás que el agua coloreada pasa a los tarros vacíos y crea nuevos colores: naranja, morado y verde.

➡ Señala si las siguientes afirmaciones son verdaderas (V) o falsas (F).

V F

1 El tinte alimentario tiene que ser naranja, violeta y verde.
2 El experimento se llama Colores primarios y secundarios.
3 Hace falta reunir cinco botes de cristal.
4 Hay que disponer los botes formando un círculo.
5 El experimento requiere esperar dos horas.

➡ ¿Cuáles son los colores primarios? ¿Y los secundarios? ¿Por qué se llaman así?

➡ ¿Has hecho alguna vez un experimento científico? Si es así, indica cuál y, si no, di cuál te gustaría hacer.

JUEGO 6

LEE EN SILENCIO

Puedes consultar el libro las veces que lo necesites

¡Empezamos!

Lee los **capítulos 22, 23, 24** y **25** y, después, realiza las actividades.

➜ **Señala si las siguientes afirmaciones son verdaderas (V) o falsas (F).**

		V	**F**
1	Eusebio y Pepa quedan a las siete de la tarde.	☐	☐
2	Eusebio y Pepa dan vida al abuelo bis a la primera.	☐	☐
3	Einstein dijo que debe repetirse un experimento mil veces.	☐	☐
4	Manolita tiene una rosa de Jericó sobre la cisterna del váter.	☐	☐
5	La rosa de Jericó flota en el agua.	☐	☐
6	El cuerpo humano tiene un 70 % de agua salada.	☐	☐
7	Eusebio remoja al abuelo bis en la bañera.	☐	☐
8	El termómetro marcaba siempre 10 grados Celsius.	☐	☐

➜ **¿Qué tiene de especial la rosa de Jericó? ¿Qué pista le da a Eusebio?**

....

....

➜ **¿Cómo cambia el abuelo bis al mojarlo en agua?**

....

➜ **¿Qué hace Eusebio para pensar mejor en la cama?**

☐ Hace el pino.   ☐ Se duerme del revés.   ☐ Come con palillos.   ☐ Pone música.

☐ Sale a pasear.   ☐ Se relaja haciendo yoga.   ☐ Hace macramé.

Juega con las palabras

Busca cada palabra en la página indicada del libro. Lee el párrafo en el que está para deducir su significado.

→ **Escribe el número del significado correcto.**

1 **células** (página 88)
2 **potencia** (página 89)
3 **voluble** (página 90)
4 **escéptica** (página 91)
5 **remedio** (página 92)
6 **cisterna** (página 93)
7 **lémur** (página 94)
8 **barómetro** (página 96)
9 **clavija** (página 98)
10 **apagón** (página 98)

☐ Especie de animal mamífero.
☐ Poder o fuerza de la electricidad.
☐ Unidades esenciales de los seres vivos.
☐ Corte de la energía eléctrica.
☐ De naturaleza inconstante.
☐ Pieza pequeña de metal para enchufar algo.
☐ Depósito de agua del váter.
☐ Instrumento que mide la presión atmosférica.
☐ Solución.
☐ Que no cree en algo o alguien.

Texto partido

Lee este texto que se ha cortado. Después, contesta a las preguntas.

Nada más regresar a casa, descolgó de la pared del vestíbulo un horrendo adorno de madera, recuerdo del valle de Ordesa, con un termómetro, un barómetro y un higrómetro. El barómetro se había estropeado hacía tiempo y siempre señalaba «ojo, huracán»; el termómetro llevaba años clavado en unos agradables 23 grados Celsius, fuera invierno o verano; pero el higrómetro parecía funcionar correctamente, así que Eusebio lo tomó prestado.

Durante la mañana, el cuerpo de la criatura había absorbido por capilaridad toda el agua de la palangana. Sin embargo, el higrómetro marcaba todavía un pobre 15 % de humedad relativa.

1 ¿Cómo era el adorno de madera de la pared? _____

2 ¿Qué marca siempre el barómetro? _____

3 ¿Qué marca el higrómetro? _____

A ver si recuerdas

Señala con una cruz los diez grupos de palabras que aparecen en el texto de la página anterior.

- [ ] Valle de Ordesa.
- [ ] Picos de Ulloa.
- [ ] Fuera otoño o invierno.
- [ ] Toda el agua de la palangana.
- [ ] 24 humedades.
- [ ] Absorbido por estrés.
- [ ] Se fue a comer.
- [ ] Compró dos o tres.
- [ ] Absorbido por capilaridad.
- [ ] Puñado de sal gorda.

- [ ] Fuera otoño o primavera.
- [ ] Se había arañado.
- [ ] Lo tomó prestado.
- [ ] Se fue a desayunar.
- [ ] Fuera invierno o verano.
- [ ] 15 % de humedad relativa.
- [ ] Se había estropeado.
- [ ] Lo robó a hurtadillas.
- [ ] 23 grados Celsius.
- [ ] Chorro de leche.

Al completo

Completa el texto escribiendo los números de las frases en los lugares adecuados.

1. el laboratorio
2. el programa de
3. al cuarto de contadores
4. en la misma planta
5. a correr alegre por los
6. que todos en
7. levantó la palanquita
8. algo angustiados

Avanzaron ambos, _____ , con la respiración acelerada, hasta llegar _____ que, por suerte, estaba _____ de sótano que _____ . En un par de vistazos, Eusebio localizó el diferencial principal y _____ , con lo que la electricidad volvió _____ cables. Regresó la luz. Y, con ella, _____ variedades _____ el edificio seguían por televisión apasionadamente.

¿Cuántas veces?

Cuenta las palabras en las que aparecen los grupos de letras indicados.

acampar   abridor   candelabro   bromista   bricolaje   cambio   comprobar

abrigo   cobro   comba   cubridor   campo   compra   brisa   tambor   abrillantar

impaciente   improbable   fábrica   fibroso   ámbar   libro

| BRI: _____ | BRO: _____ | MP: _____ | MB: _____ |

¿Cómo pronuncias?

Practica con estos trabalenguas para mejorar tu pronunciación.

→ **Prepáralos en silencio antes de leerlos en voz alta.**

Parra tenía un perro.

Guerra tenía una parra.

El perro de Parra subió a la parra de Guerra.

Guerra pegó con la porra al perro de Parra.

Y Parra le dijo a Guerra:

«¿Por qué ha pegado Guerra con la porra al perro de Parra?».

Y Guerra le contestó:

«Si el perro de Parra no hubiera subido a la parra de Guerra, Guerra no hubiese pegado con la porra al perro de Parra».

Me han dicho un dicho, que dicen que he dicho yo. Ese dicho está mal dicho, pues si yo lo hubiera dicho, estaría mejor dicho, que ese dicho que dicen que algún día dije yo.

Cuando cuentes cuentos, cuenta cuántos cuentos cuentas, porque si no cuentas cuántos cuentos cuentas, nunca sabrás cuántos cuentos cuentas tú.

Solo con los ojos

Lee las palabras de cada etiqueta de un solo golpe de vista.

Pasó la mañana

distraído, sin poder

concentrarse en

las

clases. Dos de

sus profesores le

echaron la bronca.

No podía dejar de

pensar en lo idiota que

había sido al no haber

caído antes en

la cuenta de lo importante

que es mantener una

correcta hidratación para

la supervivencia de

los seres vivos.

→ **¿Por qué se siente idiota Eusebio?**

....

Lee cada pareja de palabras fijando la vista en el punto.

planta ● maceta	tierra ● guantes	semilla ● jardín
palangana ● rosa	rastrillo ● pala	flor ● rosa
vaso ● agua	cubo ● asa	hoja ● agua
nunca ● taza	agua ● manguera	tallo ● clavel

→ **¿Qué palabra se repite tres veces?** ....

Busca las palabras que no se repiten y escríbelas.

célula	vida	roca	muñeco	cosa	agua
adorno	agua	vida	roca	vida	muñeco
aro	célula	muñeco	vida	roca	célula
muñeco	vida	agua	....	....	....

ojo	oreja	bufanda	boina	pelo	trenza
lazo	gafas	ojo	trenza	bufanda	gafas
pelo	bufanda	gafas	bufanda	ojo	pelo
trenza	ojo	pelo	....	....	....

Previsión del tiempo

Lee la información que se da en una página del tiempo
y responde a las preguntas.

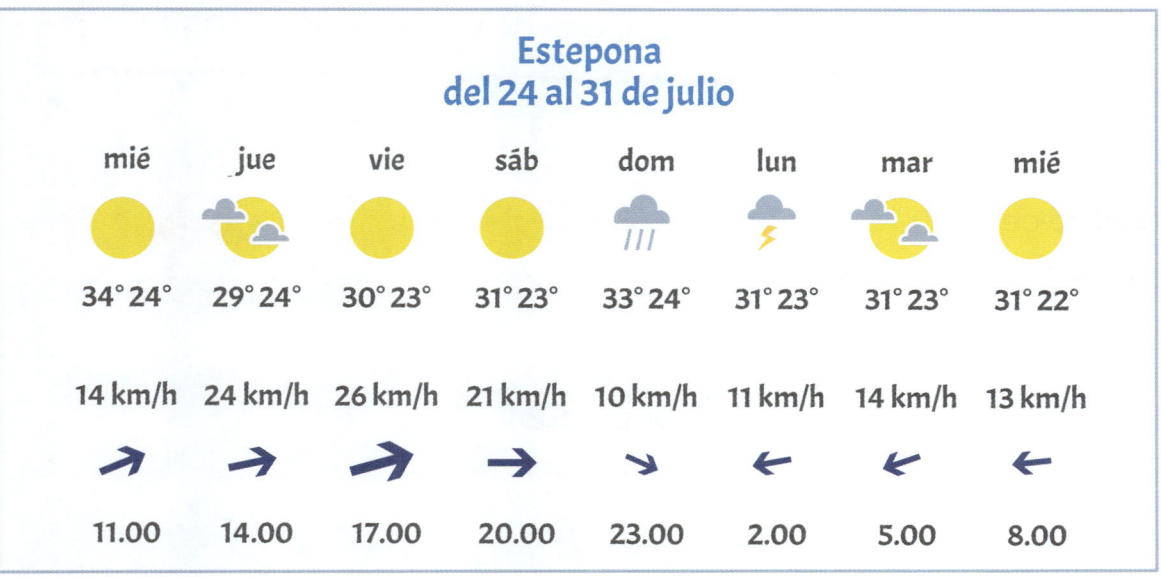

Estepona
del 24 al 31 de julio

mié	jue	vie	sáb	dom	lun	mar	mié
34° 24°	29° 24°	30° 23°	31° 23°	33° 24°	31° 23°	31° 23°	31° 22°
14 km/h	24 km/h	26 km/h	21 km/h	10 km/h	11 km/h	14 km/h	13 km/h
11.00	14.00	17.00	20.00	23.00	2.00	5.00	8.00

→ Señala si las siguientes afirmaciones son verdaderas (V) o falsas (F).

V F

1 El viernes es el día en que más viento hay. ☐ ☐

2 Está parcialmente nublado el jueves y el viernes. ☐ ☐

3 El día que hará más calor es el domingo. ☐ ☐

4 La previsión del tiempo es de Estepona. ☐ ☐

5 La temperatura más baja se alcanza el último miércoles. ☐ ☐

→ ¿En qué días no hace sol? ¿En cuál hay riesgo de tormenta?

_____

→ ¿En qué día hace menos viento?

_____

→ Si tuvieras que elegir solo un día para ir a la playa, ¿cuál elegirías?

_____

Organiza las ideas

Lee esta oración y, después, realiza las actividades.

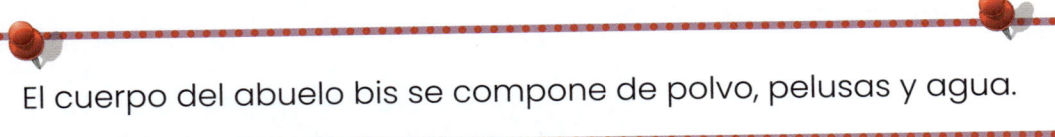

El cuerpo del abuelo bis se compone de polvo, pelusas y agua.

➜ **Identifica en el texto:**

- El concepto central: _____
- Los conceptos principales: _____
- Las palabras de enlace: _____

➜ **Completa con estas ideas el mapa conceptual.**

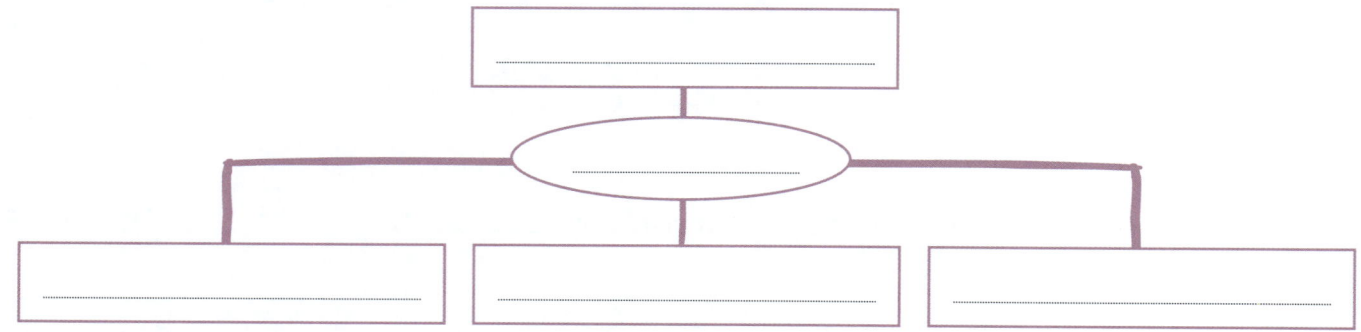

¡Ahora tú!

➜ **Lee el mapa conceptual e intenta reconstruir el texto con tus palabras. Explica su contenido al resto de la clase.**

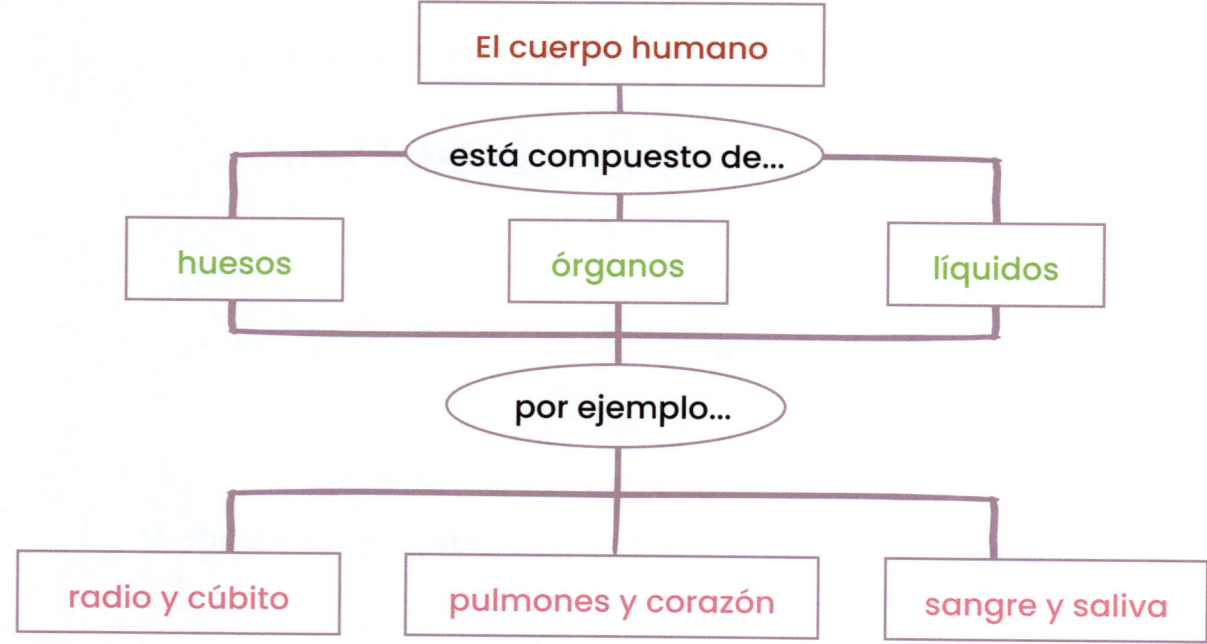

El cuerpo humano

está compuesto de...

huesos   órganos   líquidos

por ejemplo...

radio y cúbito   pulmones y corazón   sangre y saliva

Oro, plumero y constancia

Presta mucha atención al texto que vas a escuchar.
Luego, realiza las actividades.

El texto está en las páginas 100 a 102 del libro

→ **Al regresar la luz, Eusebio...**

a corre escaleras abajo.

b abraza efusivamente a Pepa.

c permanece callado e inmóvil.

→ **Tras el apagón, Eusebio se siente...**

a agotado.

b fracasado.

c dolorido.

→ **¿Cómo se da cuenta Pepa del ánimo de Eusebio?**

a Por su mirada.

b Porque está cabizbajo.

c Por el temblor de la barbilla.

→ **El sótano entero olía a...**

a chamusquina.

b fritanga.

c flores.

→ **¿Cómo llama Pepa a Eusebio?**

a Seb.

b Sebas.

c Sebi.

→ **¿Qué ve distinto Eusebio en el sótano?**

a La puerta abierta.

b La luz más intensa.

c La puerta rota.

→ **Numera del 1 al 6 estas situaciones según el orden en el que suceden.**

☐ Eusebio alumbra el suelo.

☐ Pepa se da cuenta del ánimo de Eusebio.

☐ Eusebio escucha a sus padres y vecinos.

☐ Pepa y Eusebio regresan al trastero-laboratorio.

☐ Eusebio intercambia con Pepa una mirada silenciosa.

☐ Eusebio empuja la puerta muy despacio.

→ **¿Qué sueles hacer tú para animarte cuando las cosas no salen cómo quieres?**

_____

_____

→ **Inventa un nuevo título para el texto que has escuchado.**

_____

JUEGO 7

¡Empezamos!

Lee los **capítulos 27, 28, 29, 30** y **31** y, después, realiza las actividades.

➜ **Al ver por primera vez al abuelo bis, Eusebio y Pepa...**

a se quedan a tres metros de él.

b se acercan para observarlo.

c le abrazan efusivamente.

➜ **Cuando la acompaña a casa, Pepa paga a Eusebio...**

a la entrada del cine.

b el billete de bus.

c la apuesta.

➜ **¿Cómo saluda el abuelo bis?**

a Dice solo «Hola».

b Hace un gesto con la cabeza.

c Alza la mano.

➜ **¿Cómo se llama el abuelo bis?**

a Repetido.

b Reperiano.

c Repelente.

➜ **¿Cómo se comunica el abuelo bis?**

a Hablando.

b Con una pizarra.

c Con una libreta.

➜ **¿A quién le gustaría tener un clon?**

a A Manolita

b A Gerardo.

c A Pepa.

➜ **¿Por qué Eusebio saca nueves en vez de dieces en las clases?**

_____

➜ **¿Por qué el abuelo bis debería ser el amigo perfecto de Aquilino?**

_____

➜ **Si tuvieras un clon, indica qué cosas le pedirías que hiciera por ti y qué cosas harías solo tú.**

Solo yo haría...	Mi clon haría...

Juega con las palabras

Busca cada palabra en la página indicada del libro. Lee el párrafo en el que está para deducir su significado.

➡ **Marca la definición correcta.**

- **tragaluz** (página 103)
  - ☐ Apertura en el suelo para que entre la luz de los pisos de abajo.
  - ☐ Apertura en el techo para que entre la luz de la calle.
  - ☐ Especie de cámara oscura para revelar fotos de carrete.

- **carraspeo** (página 103)
  - ☐ Toser varias veces para aclararse la garganta.
  - ☐ Arrastrar los pies como signo de cansancio.
  - ☐ Quejarse ante alguien por algo con lo que no se está de acuerdo.

- **genes** (página 109)
  - ☐ Jabones líquidos que se utilizan en la ducha para lavarse.
  - ☐ Primeros tallos de una planta.
  - ☐ Secuencias de ADN de los seres vivos.

- **cama turca** (página 110)
  - ☐ Cama que se balancea.
  - ☐ Sillón que puede desplegarse para convertirse en una cama.
  - ☐ Sofá ancho, sin respaldo ni brazos, que puede servir de cama.

- **bicarbonato** (página 111)
  - ☐ Compuesto químico de grano fino y blanco.
  - ☐ Compuesto químico con el color del carbón.
  - ☐ Compuesto químico que se vende en dos piezas de carbón.

- **mecedora** (página 114)
  - ☐ Tipo de asiento que tiene ruedas en las patas.
  - ☐ Tipo de asiento con dos arcos en las patas.
  - ☐ Tipo de asiento que se cuelga del techo para balancearse.

Indica cuál de las siguientes imágenes es una mecedora.

➡ **Elige una palabra del primer ejercicio de la que no conocías su significado o te parezca difícil. Escribe una oración con ella.**

_____

Ponle título

Escribe al lado de cada título el número que se corresponde con las oraciones del recuadro.

1 ¡De modo que fuiste tú el que me robó los pantalones!

2 No sé... Lo que tú digas, que para eso eres el sabio de la familia.

3 ¡Si no tengo huesos! ¡Ja, ja!

4 ¿Y qué me dices de él? ¿Qué te parece?

5 Y ahora... supongo que habrá que decírselo a tus padres, ¿no?

☐ La confesión.　　☐ Curiosidad.　　☐ El reproche.

☐ Con humor.　　☐ Saber delegar.

Palabra intrusa

Tacha la palabra incorrecta en cada oración.

Lo encontraron en **el • los** descansillo del segundo piso, mirando con atención la luna, casi llena, que se **vieron • veía** a través del tragaluz.

Tras la **primera • primeras** sorpresa, Eusebio se **sitúa • situó** de inmediato **sobre • en** su papel. **Había • Habían** imaginado muchas veces ese instante. Incluso **se • te** había preparado **alguna • algunas** frases, por **no • si** el hecho acababa pasando a **la • las** historia de la ciencia y convertido años **menos • más** tarde en **miniserie • miniseries** de televisión.

Letras repetidas

Escribe las letras de cada conjunto que se repiten dos veces.

H	O	M	A
T	I	L	O
N	U	H	P
B	X	D	N

U	X	O	H
Y	N	T	M
I	Y	Z	Q
S	Z	E	X

I	T	M	E
D	G	J	O
N	U	I	L
E	H	K	G

A	I	Q	D
Y	P	B	T
R	N	P	D
B	U	Z	S

P	G	Q	L
U	E	H	S
T	R	I	U
A	Q	E	F

T	I	T	U
L	V	O	A
K	Q	L	R
A	D	S	E

¿Te adelantas al texto?

Lee este texto reemplazando los números por las palabras de los laterales.

1 tele
2 ciencia
3 frase
4 cuaderno
5 letra

6 cuarto
7 barba
8 aviones
9 cinta
10 cielos

Tiempo después, cierto día en que los vencejos surcaban raudos los **(10)**, como pequeños **(8)** a reacción, Eusebio oyó comentar en la **(1)** a un señor con **(7)** que «la ciencia, sin alma, ni es **(2)** ni es nada». No entendió la frase, pero le pareció bonita. De inmediato, corrió a su **(6)**, la escribió en su **(4)** de tapa roja con su mejor **(5)** y, luego, arrancó la hoja y la sujetó con **(9)** adhesiva en la cabecera de su cama. Decidió que esa iba a ser su **(3)** favorita.

AUTOEVALUACIÓN

¿Te **adelantas** al texto antes de pronunciarlo?

Valóralo del 1 al 10 → 1 2 3 4 5 6 7 8 9 10

Solo con los ojos

Lee las palabras de cada etiqueta de un solo golpe de vista.

Llamó su atención con

un carraspeo. El

abuelo bis se

giró y, a través de

sus gafas oscuras,

contempló a

los dos chicos, que

se habían quedado a

unos tres metros de

distancia, por si

las moscas. Pepa

se había situado detrás de

Eusebio, acurrucada.

➡ **¿Cómo se había colocado Pepa?**

....

Lee cada pareja de palabras fijando la vista en el punto.

distancia ● metro	vista ● gafas	cabeza ● boina
gafas ● ojos	oído ● ruido	uña ● mano
sorpresa ● regalo	gusto ● boca	montura ● gafas
luna ● cielo	pelo ● tacto	lengua ● labio

➡ **¿Qué palabra se repite tres veces?** ....

Busca, en las columnas del mismo color, parejas de palabras que son diferentes. Subráyalas en las columnas 3 y 4

1	**2**	**3**	**4**
poco	boca	poco	boca
risco	ceja	risco	caja
gafas	cama	gatas	cama
botas	arena	bolas	arena
pantalón	playa	pantalón	plaga
luna	ola	cuna	ola
remo	susto	reto	gusto
barca	goma	barca	goma
estrella	higo	estrella	hijo
mar	hueso	mar	hueso

Consejos para recibir a un invitado

Lee este texto y, después, realiza las actividades.

ANTES DE LA VISITA

1. Pregúntale qué le gusta beber y comer, y si tiene alergia o intolerancia a algo.

2. Compra la comida y la bebida que sabes que le gusta para que disfrute.

3. Averigua qué le gusta hacer y ten preparado algo, por si le apetece hacer algo distinto a hablar.

4. Recoge y limpia la casa.

5. Ponte ropa de calle cómoda, por si luego decidís salir.

DURANTE LA VISITA

1. Muéstrale dónde están el baño y la cocina.

2. Ofrécele las bebidas y los aperitivos que le gustan.

3. Interésate por lo que hace y sus aficiones.

4. Si se acaba la conversación, podéis hacer alguna actividad o salir a dar un paseo.

5. ¡Haz que se sienta como en casa!

→ **Indica qué debe hacerse antes de que llegue la visita (A) y qué se hace durante la visita (D).**

	A	D
1 Enseñarle la casa.	☐	☐
2 Recoger y limpiar.	☐	☐
3 Comprar bebida y comida que le guste.	☐	☐
4 Darle una buena conversación.	☐	☐
5 Pensar qué película puede gustarle.	☐	☐
6 Ponerte ropa cómoda de calle.	☐	☐

→ **¿Por qué no conviene recibir a la visita en pijama?**

_____

→ **¿Por qué es importante preguntarle a la visita por la comida o bebida que toma?**

_____

JUEGO 8

LEE EN SILENCIO

Puedes consultar el libro las veces que lo necesites

¡Empezamos!

Lee los **capítulos 32, 33, 34, 35 y 36** y, después, realiza las actividades.

→ **¿Qué pasará con Repe en verano?**

a Que las pelusas se recalentarán.

b Que su ropa llamará la atención.

c Que querrá independizarse.

→ **¿Quién es la mujer de rojo?**

a Pepa.

b Manolita.

c Remedios.

→ **Aquilino dice del amor...**

a que no entiende de edades.

b que no entiende de género.

c que no entiende de tallas.

→ **¿Cómo se repone el abuelo Repe?**

a Tomando agua con una pajita.

b Mojando los pies en agua.

c Metiendo los dedos en un enchufe.

→ **Marca con una cruz las dos afirmaciones que son verdaderas.**

☐ Repe lleva una libreta porque no puede oír ni hablar.

☐ Aquilino consigue hacer un crucigrama por primera vez en su vida.

☐ Eusebio estuvo enamorado de su vecina de arriba.

☐ Repe para un taxi solo para demostrar que sabe hacerlo.

→ **¿Qué hace el abuelo Repe cuando gana la partida de dominó?**

_____

_____

→ **¿Qué sugiere Eusebio a su abuelo para que se acerque a la mujer que le gusta?**

_____

_____

→ **Y tú, ¿qué serías capaz de hacer por amor?**

_____

_____

Juega con las palabras

Busca cada palabra en la página indicada del libro. Lee el párrafo en el que está para deducir su significado.

➡ **Escribe el número del significado correcto.**

1 **instrucción** (página 116)

2 **transeúntes** (página 116)

3 **melia** (página 117)

4 **efluvios** (página 123)

5 **rapaz** (página 124)

6 **torreznos** (página 129)

7 **boicot** (página 130)

8 **pretil** (página 131)

☐ Trozos de tocino frito.

☐ Muchacho de corta edad.

☐ Aprendizaje, educación.

☐ Poyete, alféizar.

☐ Tipo de árbol con flores moradas.

☐ Vapores, emisión de partículas pequeñas.

☐ Gente que va por la calle.

☐ Acción para detener algo.

Texto numerado

Lee este texto numerado y escribe en qué línea aparecen las palabras de abajo.

1 Hacía mucho, mucho
2 tiempo que
3 Eusebio no
4 entraba en
5 el bar Celta. Cuando
6 era un niño, su
7 abuelo lo
8 llevaba allí algunas

9 veces a tomar
10 horchata. Lo
11 recordaba como
12 un lugar
13 sombrío, que
14 olía a madera
15 húmeda y a vino

16 de Ribeiro; y
17 donde solo había
18 hombres mayores que
19 hablaban en
20 gallego con
21 acento baturro.
22 O viceversa.

● tiempo: _____

● abuelo: _____

● sombrío: _____

● bar: _____

● horchata: _____

● mayores: _____

Verdadero o falso

Vuelve a leer el texto de la página anterior.

➔ **Indica si las siguientes afirmaciones son verdaderas (V) o falsas (F).**

		V	F
1	Eusebio iba a diario al bar Celta.	☐	☐
2	De niño, su abuelo lo llevaba a tomar horchata.	☐	☐
3	El bar era un lugar muy luminoso.	☐	☐
4	El bar olía a madera y a vino Ribeiro.	☐	☐
5	El Celta estaba lleno de madres con hijos.	☐	☐
6	La gente hablaba en portugués con acento baturro.	☐	☐

En resumen

Marca con una ✗ el resumen que te parezca más apropiado para este texto.

Cuando el barrendero se alejó, Eusebio comprobó que Reperiano había copiado en su libreta toda la conversación, a una velocidad endemoniada. Escribía con la misma letra pequeña y redondilla que usaba el abuelo.

Un par de horas después, habían recorrido buena parte de su barrio, el de Montemolín. De pronto, se detuvo junto a la acera, cerca de ellos, un autobús de color azul que abrió sus puertas vomitando una gran cantidad de escolares vestidos de uniforme. Entre ellos, estaba Pepa.

Saludó a distancia, cruzó una conversación rápida con dos chicos mayores y, por fin, se acercó.

A ☐ Ven que Repe escribe a una velocidad endemoniada y con letra pequeña y redondilla. Al pasear, se encuentran con un autobús repleto de escolares con uniforme, que llegan del instituto.

B ☐ Enseñan a Repe el barrio y ven que copia toda la conversación con el barrendero con la misma letra que Aquilino. Dos horas después, se encuentran con Pepa, que sale del autobús.

C ☐ Repe reproduce palabra a palabra la conversación con el barrendero y recorren todo el barrio. Un autobús vomita a muchos escolares vestidos de uniforme. Llegan del instituto.

 # Al revés

Relaciona las palabras de la columna A que están escritas a la inversa en la B.

A			B	
A	letra			abocse
B	libreta			ellac
C	papel			emrofinu
D	hoja			lepap
E	escoba			areca
F	escolar			ajoh
G	uniforme			ralocse
H	barrio		A	artel
I	calle			oirrab
J	acera			aterbil

A			B	
A	carretera			aitselom
B	asfalto			areterrac
C	color			orednerrab
D	barrendero			dadicilef
E	apunte			etnupa
F	conductor			roloc
G	saludo			rebas
H	molestia			odulas
I	felicidad			otlafsa
J	saber			rotcudnoc

¿Usas el volumen adecuado?

Lee cada línea con la intensidad indicada.

normal	➜ Primero, nuestra casa,
susurro	➜ para que puedas volver si te pierdes.
alarido	➜ Apunta, Repe: calle de Miguel Servet, 123.
susurro	➜ Uno, dos, tres. Bien fácil es. Eso es un banco.
grito	➜ Banco de sentarse, no como aquello rojo, que es un
normal	➜ banco de meter el dinero. Eso es un árbol, una
susurro	➜ melia. Me-lia. Me, me, me. Con eme. Así, muy bien
grito	➜ Aquello, todoacién del señor Wu.
alarido	➜ Barato, barato. Allí, quiosco de la ONCE:
susurro	➜ cuponazo. Buzón de Correos. Semáforo:
normal	➜ verde, pasas; rojo, no pasas. Farola fundida.
alarido	➜ Eso marrón: caca de perro, ojo, no pisar.

AUTOEVALUACIÓN

¿Has usado la **intensidad** y el **volumen** adecuados para leer el texto?

Valóralo del 1 al 10 ➜ 1 2 3 4 5 6 7 8 9 10

Solo con los ojos

Lee el texto saltando de la columna izquierda a la derecha.

Su principal atractivo era	un televisor muy grande, en
color, donde siempre	estaban echando partidos de
fútbol. En su día, aquel	televisor supuso todo un
acontecimiento en el	barrio. Ahora, con el paso de
los años y los efluvios de	la freidora, la hierba de los
estadios se veía de color	rosa y los jugadores de
todos los equipos que salían	en pantalla, incluidos los
del Celta, parecían vestir la	equipación del Villarreal.

➡ **¿Cómo se ve la hierba de los estadios en el televisor?**

....

....

Escribe las palabras que se repiten en cada columna y el número de veces que lo hacen.

A
color
tinte
rosa
azul
verde
pincel
rojo
naranja
violeta
rojo
cyan
magenta
verde
tinte
agua

B
árbol
toga
trampa
arado
campo
tierra
arado
capa
trino
timbre
toga
monte
marca
toga
taco
campo
copo

C
vida
aro
coro
casa
cine
casa
trino
vino
cine
crema
cara
tono
casa
cola
tono
loro
lona

A ....

....

....

B ....

....

....

C ....

....

....

Cómo jugar al dominó

Lee cómo se juega al dominó y responde a las preguntas.

Cómo jugar

El dominó es un juego de mesa, que tiene 28 fichas partidas por la mitad, con puntos a cada lado que representan números, del 1 al 6. Pueden jugar entre 2 y 4 personas.

1 Coloca las 28 fichas bocabajo y remuévelas.

2 Reparte 7 fichas para cada jugador si sois 2. Si sois más de 2, reparte 5.

3 El jugador con el doble más alto (6/6, 5/5...) comienza.

4 Por turnos, cada jugador coloca junto a la ficha otra ficha que tenga el mismo número en uno de los dos lados (los lados con el mismo número deben tocarse).

5 Si un jugador no tiene ficha para colocar, toma una del montón.

6 Gana el jugador que se quede sin fichas.

> **¡Importante!**
> Nunca enseñes tus fichas a los demás.

➡ **Indica si las siguientes afirmaciones son verdaderas (V) o falsas (F).**

	V	F
1 Pueden jugar hasta cinco personas al dominó.	☐	☐
2 El juego tiene 28 fichas en total.	☐	☐
3 Si juegan tres personas, deben repartirse 5 fichas.	☐	☐
4 Los lados con un mismo número deben tocarse.	☐	☐
5 Gana el jugador que tiene más fichas al final.	☐	☐

➡ **¿Has jugado alguna vez al dominó?, ¿con quién te gustaría jugar?**

....

➡ **¿Cuáles son tus dos juegos de mesa favoritos?**

....

JUEGO 9

LEE EN SILENCIO

Puedes consultar el libro las veces que lo necesites

¡Empezamos!

Lee los **capítulos 37, 38, 39, 40 y Epílogo** y, después, realiza las actividades.

➡ **¿Cómo se comunica Repe cuando está en el baño?**

a Con código morse.

b Con notas bajo la puerta.

c Con un timbre de bicicleta.

➡ **Repe ha quedado con Remedios para...**

a bailar.

b ir al cine.

c ir a cenar.

➡ **En la floristería, Repe compra...**

a un enorme ramo de rosas.

b un enorme ramo de claveles.

c un enorme ramo de orquídeas.

➡ **¿Qué le confiesa Remedios a Aquilino?**

_____

_____

➡ **Eusebio ordena a Repe...**

a que renuncie al amor de Remedios.

b que nunca salga solo de casa.

c que consulte todo a Aquilino.

➡ **En la pastelería, Aquilino compra...**

a _crêpes._

b _macarrons._

c _marron glacé._

➡ **¿Cómo se llama el lugar al que va Repe con Remedios?**

a Excalibur.

b Excelsior.

c Excursión.

➡ **¿Qué tipo de baile le gusta a Remedios y a Aquilino?**

☐ Sevillanas   ☐ Vals   ☐ Jota   ☐ Tango   ☐ Bolero

➡ **¿Qué harías tú para tener una cita perfecta?**

_____

Juega con las palabras

Busca cada palabra en la página indicada del libro. Lee el párrafo en el que está para deducir su significado.

➡ **Escribe el número del significado correcto.**

1 **chamusquina** (página 140)

2 **garrotazo** (página 142)

3 **nanay** (página 144)

4 **rufián** (página 147)

5 **pavimento** (página 152)

6 **hinojos** (página 152)

7 **patoso** (página 153)

8 **cobijo** (página 154)

9 **veredicto** (página 154)

10 **sexagenaria** (página 160)

☐ Decisión.

☐ Golpe dado con un palo grueso y fuerte.

☐ Rodillas.

☐ Persona sin honor y despreciable.

☐ Torpe, descuidado.

☐ Forma de decir no.

☐ Suelo empedrado.

☐ Achicharramiento, algo quemado.

☐ Persona de sesenta años.

☐ Lugar de resguardo.

➡ **Señala las tres oraciones en las que la palabra resaltada se utiliza correctamente.**

☐ Ese **veredicto** ha pasado varios años en la cárcel.

☐ Juan es un **rufián** que engaña siempre que puede.

☐ Necesita usar muletas porque está **cobijo.**

☐ Cuando cierras los **hinojos** no ves nada.

☐ Eres un **patoso,** tiras todo lo que tocas.

☐ Tras el incendio todo olía a **chamusquina.**

➡ **Señala las tres oraciones en las que la palabra resaltada se utiliza correctamente.**

Palabra: ....

Oración: ....

Palabra: ....

Oración: ....

En clave

Lee el texto y elige las dos palabras que consideres más importantes para resumirlo.

No había cambiado en él nada sustancial, pero sí aparecía más pimpante, con un aire distinto: la boina mejor calada, vuelto hacia arriba el cuello de la gabardina, nuevos nudos, más vistosos, en los cordones de las botas Chirukas... Además, se había aplicado desodorante en los sobacos de la camisa y, lo más llamativo, todo él despedía un grato olor que el abuelo Aquilino reconoció al instante.

➡ **He elegido las palabras...**

_____ : porque _____

_____ : porque _____

Juega con las palabras

Elige un grupo de palabras de cada columna y forma cuatro oraciones. Escríbelas debajo.

• Te diseñé	• ha fracasado	• para que mi abuelo	• con Remedios.
• Tu experimento	• impresionar	• a una chica	• fuera más feliz.
• Ordénale	• y te construí	• que renuncie a ligar	• de mi edad!
• ¡Necesito	• a Reperiano	• estrepitosamente	• conmigo.
• Vamos	• tras ese montón	• de caspa	• con bufanda.

1 _____

2 _____

3 _____

4 _____

5 _____

¡Mucha atención!

Escribe cuántas veces se repiten las letras o los números indicados en cada recuadro.

A

h	d	m	u	j	c
q	o	b	j	h	o
l	t	i	o	n	p
h	u	d	a	m	q
n	p	c	t	b	c
b	q	j	h	o	p

a	
h	
b	
p	

B

d	p	e	q	u	b
u	l	b	e	o	l
q	b	e	u	h	q
a	d	l	d	o	l
j	u	j	p	q	b
d	b	a	l	b	u

l	
d	
q	
u	

C

c	m	e	n	u	o
u	y	t	a	s	n
n	o	u	q	e	o
r	a	i	c	u	y
i	r	a	n	a	s
a	q	i	u	m	o

c	
a	
e	
n	

¡Os toca!

Preparad este texto para leerlo en voz alta en grupos de tres.

EUSEBIO Abuelo, ya sabes que el amor no tiene edad ni tampoco entiende de especies, porque Repe...

AQUILINO Ya, ya sé que no es como nosotros, pero a veces se me olvida, y no creo que a Remedios le importe...

REPERIANO ¡Estoy enamorado de ella hasta las pelusas!

AQUILINO ¡Y yo hasta los huesos! Por eso me preocupa que salgáis... ¿Qué pasará cuando llueva y no lleves paraguas, eh?

EUSEBIO Eso se puede arreglar poniéndole una capa impermeable bajo la ropa, abuelo.

AQUILINO ¡No ayudes más, anda! Que ya has hecho suficiente con este experimento...

AUTOEVALUACIÓN

Evalúa del 1 al 10 las **habilidades lectoras** representadas en la tabla.

Valóralo del 1 al 10 → 1 2 3 4 5 6 7 8 9 10

Postura ☐	Mirada ☐	Velocidad ☐	Entonación ☐	Volumen ☐

Solo con los ojos

Lee el texto saltando de la columna izquierda a la derecha.

Remedios apareció

entonces por el fondo de

la calle tras doblar

la esquina.

Reperiano se

volvió hacia ella,

llevándose una

mano al pecho y

dibujando con el dedo

ochos tumbados, en

señal de amor infinito.

→ **¿Qué hace Reperiano al ver a Remedios?**

_____

Lee cada pareja de palabras fijando la vista en el punto.

amor • odio	emoción • alegría	dulce • bollo
flor • ramo	regalo • bombones	lazo • raso
cosa • pelusa	rosa • flor	olor • flor
amigo • compañero	caja • sorpresa	media • zapato

→ **¿Qué palabra se repite tres veces?** _____

Busca en la columna las respuestas.

laurel	496
vino	752
lata	175
copa	582
rosal	678
cincel	517
mantel	204
harina	375
dintel	694
corcho	309
pastel	809
ropa	413

raya	357
silbato	428
pez	572
bombón	824
pino	479
red	646
tambor	461
dedo	157
silla	784
anillo	129
cosa	437
gato	654

a Escribe las palabras que se corresponden con estos números:

517: _____

694: _____

479: _____

157: _____

b Escribe los números que se corresponden con estas palabras:

copa: _____

pastel: _____

raya: _____

silla: _____

 # El lenguaje de las flores

Lee la información y, después, realiza las actividades.

Cada tipo de flor tiene un significado, que puede variar según el color de las flores de esa especie.

Geranios

El geranio simboliza la alegría de estar con alguien. Los geranios blancos indican afecto puro y los rosas, enamoramiento.

Margaritas

Las margaritas simbolizan, en general, pureza e inocencia. Las blancas representan el mayor grado de pureza, las azules fidelidad y lealtad, y las rosas afecto puro.

Rosas

Las rosas representan los sentimientos románticos.

Las rosas blancas se utilizan para un enamoramiento platónico, las rosas para un amor en crecimiento, las rojas para la pasión intensa y las amarillas para la amistad.

Claveles

Los claveles representan admiración mezclada con otros sentimientos. Los claveles blancos se usan para expresar la admiración pura, los rosas para el amor materno, los rojos para la admiración amorosa, y los amarillos para la belleza y, a veces, el rechazo.

➔ **Indica si las siguientes afirmaciones son verdaderas (V) o falsas (F).**

	V	F
1 Todas las flores significan sentimientos positivos.	☐	☐
2 El geranio rosa simboliza el amor pasional.	☐	☐
3 Existen margaritas azules, que significan fidelidad y lealtad.	☐	☐
4 La margarita significa admiración mezclada con otros sentimientos.	☐	☐
5 El clavel rosa significa admiración y amor materno.	☐	☐

➔ **¿Cuál es tu flor favorita? Indica por qué y a quién se la regalarías.**

Organiza las ideas

Lee esta oración y, después, realiza las actividades.

> Las personas nos comunicamos de diferentes formas, a través de los sentidos: con el tacto, por ejemplo; con la forma de darnos la mano; con la vista; con la lectura; y con el oído, como hacemos al participar en una conversación oral.

➡ **Identifica en el texto:**

- El concepto o idea central: _____
- Los conceptos o ideas principales: _____
- Otros conceptos o ideas: _____
- Las palabras de enlace: _____

➡ **Completa con estas ideas el mapa conceptual.**

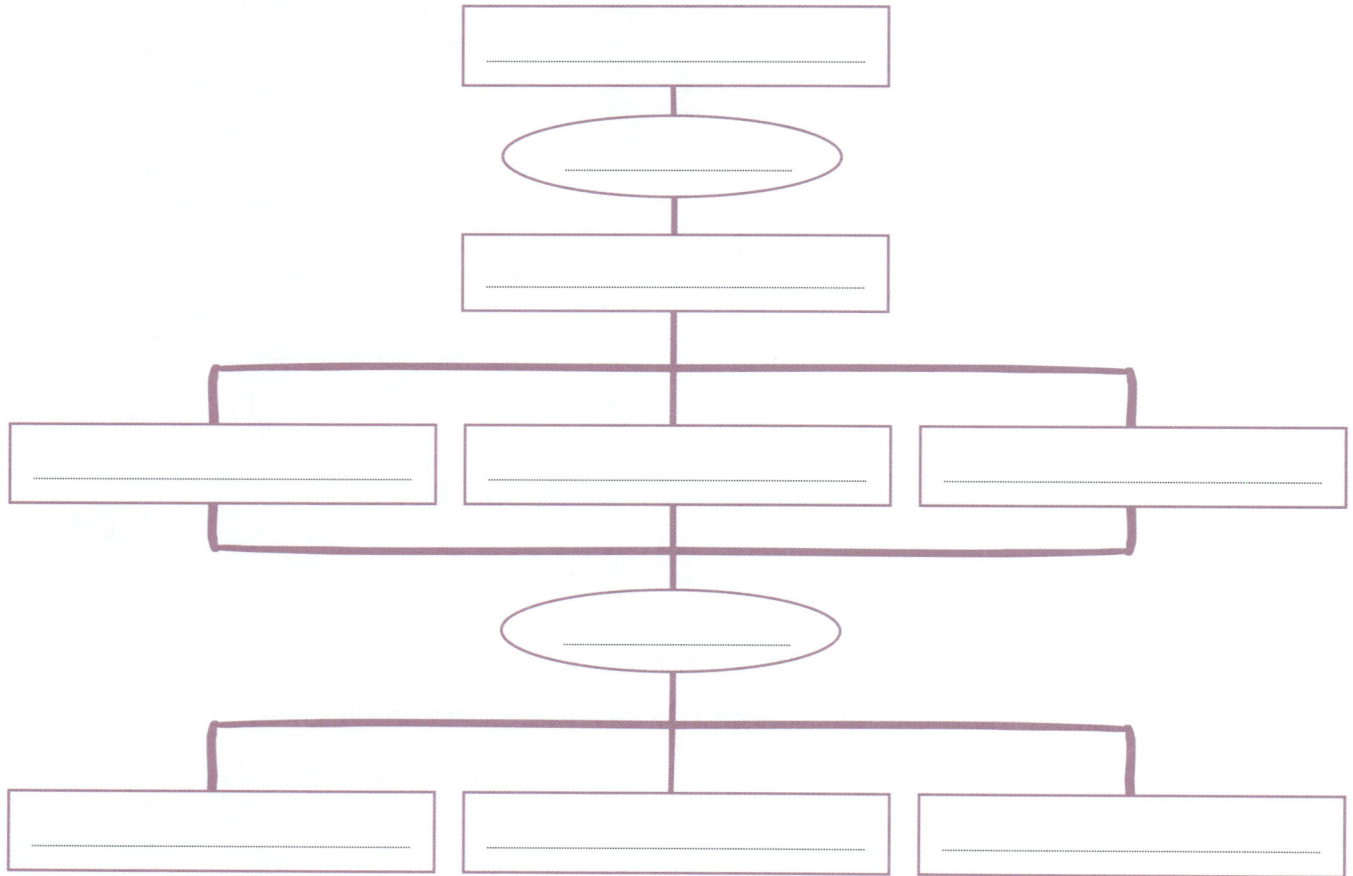

¡Y al revés!

➡ **Leyendo solo el mapa conceptual, intenta reconstruir el texto con tus palabras.**

 # Epílogo. La felicidad

**Presta mucha atención el texto que vas a escuchar.
Luego, realiza las actividades.**

 El texto está en las páginas 158 a 161 del libro

→ **¿Qué hace Repe cuando Aquilino y Remedios entran en el Excelsior?**

a Sonríe.

b Va tras ellos.

c Se echa a llorar.

→ **¿Qué siente Eusebio por Repe?**

a Rencor.

b Amistad.

c Orgullo.

→ **Eusebio le propone a Repe…**

a crearle una compañera.

b crearle un amigo.

c crearle una familia.

→ **¿En qué estación están empezando a entrar al final de la novela?**

a En verano.

b En otoño.

c En invierno.

→ **¿Cómo se sugiere que Repe tendrá un nuevo romance?**

_____

_____

→ **¿Qué hace Eusebio con el ramo de claveles de Aquilino?**

_____

_____

→ **¿Crees que el amor es lo mismo que la felicidad? Razona tu respuesta.**

_____

_____

→ **Escribe tres cosas que te hacen feliz e indica cuáles haces o podrías hacer a diario.**

● _____

● _____

● _____

En la realización de esta obra han intervenido:

Asesoría
Eva Ariza Trinidad

Edición
Ascensión Cuadrado Redondo

Maquetación
Raima Aguilar Domingo

Diseño gráfico
Cristóbal Gutiérrez Camacho y Antonio Sereno Recio

Ilustración
Luis Tobalina Mayoral

Fotografía
123RF y colaboradores e iStock

Los **audios** para «Escucho y Comprendo» (páginas 23, 43 y 63) están disponibles en

Las actividades de este cuaderno, que se basan en el libro *El abuelo Repe,* de Fernando Lalana, publicado por el Grupo Editorial Bruño en su colección «Altamar», están elaborados de acuerdo con los criterios psicopedagógicos y los requerimientos del Proyecto Editorial de Juegos de Lectura - Lectura Eficaz.
La denominación **Juegos de Lectura - Lectura Eficaz** (distintivo con gráfico) está registrada a nombre de Grupo Editorial Bruño, S. L. (marca M1567099).

© del texto: Grupo Editorial Bruño, S. L., 2025
© de esta edición: Grupo Editorial Bruño, S. L., 2025
      Valentín Beato, 21
      28037 Madrid

ISBN: 978-84-696-3590-2
Depósito legal: M-837-2025

Printed in Spain